365
dias de gratidão

365
dias de
gratidão

FLAVIA MELISSA

365
dias de
gratidão

Mensagens
inspiradoras para
VIVER O AGORA

academia

Copyright © Flavia Melissa, 2020
Copyright © Editora Planeta do Brasil, 2020
Todos os direitos reservados.

Revisão: Fernanda França e Departamento editorial
da Editora Planeta do Brasil
Diagramação: Vivian Oliveira
Capa: Luiz Sanches Junior
Ilustrações de miolo: Shutterstock e Adobe Stockphotos

Dados Internacionais de Catalogação na Publicação (CIP)
Angélica Ilacqua CRB-8/7057

Melissa, Flavia
    365 dias de gratidão: mensagens inspiradoras para viver o agora / Flavia Melissa. -- São Paulo: Editora Planeta do Brasil, 2020.
    384 p.

    ISBN 978-65-5535-027-2

    1. Mensagens 2. Gratidão - Meditações I. Título

20-1800   CDD: 158.1

Índices para catálogo sistemático:
1. Mensagens

MISTO
Papel | Apoiando o manejo florestal responsável
FSC® C005648

Ao escolher este livro, você está apoiando o manejo responsável das florestas do mundo

2023
Todos os direitos desta edição reservados à
Editora Planeta do Brasil Ltda.
Rua Bela Cintra 986, 4º andar – Consolação
São Paulo – SP – 01415-002
www.planetadelivros.com.br
faleconosco@editoraplaneta.com.br

Este livro é uma seleção de pensamentos, provérbios, reflexões e frases que nos apontam um caminho precioso rumo ao despertar da gratidão em nossos corações. Esses ensinamentos acordam partes nossas adormecidas e nos orientam na direção da felicidade genuína que há em amar o que já existe. Quando praticadas, essas lições têm o poder de nos reconectar com a nossa própria jornada de vida por meio do ato de ressignificar nossos desafios e aprendizados – e sempre tirar um ensinamento positivo de cada situação que enfrentamos. Você poderá desfrutar deste livro utilizando-o como um oráculo, em busca de uma palavra de inspiração em uma situação complicada, abrindo-o aleatoriamente, todos os dias pela manhã, ou lendo suas mensagens em sequência. Seja qual for a sua experiência e história no caminho do autoaperfeiçoamento, este livro será seu grande companheiro na jornada de amar mais a sua vida!

Pelo que você
se sente grato
no dia de hoje?

Quanto mais você agradece,
mais motivos a vida te dá
para ser grato – diga **SIM**
à vida, que à vida não restará
nada a não ser responder
SIM para você. :)

Não perca tempo
pensando no que
você **NÃO QUER**.
Foque toda a sua atenção
naquilo que você
deseja experimentar.
E lembre-se sempre
de perguntar, vez ou outra:
em sua situação,
o que o amor faria?

Ame o que é,
com todo o seu coração.
E se você não sabe
por onde começar,
comece dizendo **SIM**
para o que a sua vida
lhe trouxer no dia de hoje.

"Seja grato
pelo que você tem
e acabará tendo mais.
Se você se concentrar
naquilo que não tem,
nunca – NUNCA –
terá o suficiente."

Oprah Winfrey

Saiba reconhecer e valorizar
as pessoas que contribuíram
para que você chegasse
onde está hoje – mesmo que
tenham te trazido dor.
Agradecer pelos ensinamentos
dolorosos tem o mesmo
ou até mais valor do que
agradecer pelos amorosos.
Se formos capazes de
aprender alguma coisa
com quem nos magoou,
todo o trabalho terá sido feito.

E se existir um
momento melhor para as
coisas acontecerem
do que o que a sua mente
diz ser o ideal?
Existem dias que
praticar a entrega é
a coisa mais difícil
do mundo. São os dias
em que isso se faz
realmente necessário.
Na dúvida, agradeça!

Coloque seu foco
nas coisas que você já tem.
No teto sobre a sua cabeça.
Na luz que surge quando
você aperta o interruptor.
Na roupa quentinha – ou fresquinha –
que te espera pendurada
no armário. Agradeça pelo bom
que já existe, em vez de focar
no que você quer e não
tem – caso contrário,
nunca será o suficiente.

Não importa
quantas vezes você
for passado para trás,
a vida sempre te trará
oportunidades de voltar
a acreditar – e estas
oportunidades sempre virão
através de pessoas.
Agradeça por cada uma
delas. Elas são anjos
enviados pela Existência
para salvar seu coração.

Não importa o que
você esteja vivendo
neste momento,
saiba que nesta situação
existe uma oportunidade
de renascer e se reinventar.
Foque no que pode melhorar
e agradeça pela oportunidade
de se recriar mais uma vez!

A prática da gratidão
nos oferece uma preciosa
oportunidade de fluir com
a vida. Agradecer é dizer sim,
ao invés de colocar a energia
na resistência do não.
Vida pode ser fluxo – ou
refluxo, que arde e queima.
Escolha o que quer viver!

Cada problema
que você vive traz
consigo uma bênção
disfarçada de dificuldade.
Foque na forma em
que esta situação pode
te transformar em alguém
melhor – este é o verdadeiro
milagre da vida!

Se você quer transformar
a sua vida, em vez de
se perguntar o porquê
de algo estar acontecendo
com você, transforme a
pergunta em "para quê?".
Qual o propósito?
Com qual objetivo?
Assim que encontrar
a resposta, agradeça.
Você é uma ostra – e acabou
de fabricar uma pérola!

As coisas não acontecem **COM** você; as coisas acontecem **PARA** você.
De que modo você decide enxergar a sua vida? Vitimizando-se ou agradecendo por cada pequena oportunidade que você tem de se transformar em uma pessoa melhor?

Quantas pessoas você
acha que estiveram envolvidas
para que a sua comida
preferida chegasse até você?
Aproveite sua próxima
refeição para agradecer e
honrar a existência de
cada uma delas!
Graças a elas você tem motivos
para se sentir mais feliz. :)

Não pense na gratidão como uma meta a ser alcançada. Pense como um exercício a ser experimentado. Pratique!

A vida está sempre te levando
para algum outro lugar.
Nada é permanente e as
coisas podem parecer
uma montanha-russa
de vez em quando, mas
nunca se esqueça de que
existe sempre algo além.
Respire fundo,
busque a fé dentro de você
e agradeça pelas coisas
boas que ainda virão!

Todos nós somos Deus
e o Universo experimentando
a si mesmos como **SER**
humano – não **TER** humano.
De que formas sua consciência
pode se expandir? Conecte-se
mais com esses pensamentos
do que com as coisas que
você pode possuir. Nenhuma
delas vai com você para o
túmulo, mas um coração
em gratidão não morre nunca!

Às vezes é necessário deixar
que morra – inúmeras vezes
na sua vida você morreu e
renasceu. Sua identidade morreu
muitas vezes. Quando você nasceu,
morreu para tudo aquilo
que conhecia. Ao cortarem seu
cordão umbilical: nova morte,
nova vida. Quando você andou pela
primeira vez, morreu um bebê.
E quando você sofreu por amor,
morreu a ingenuidade.
Qual o problema em deixar morrer?
Abdique. Saia do controle, você
não controla nada. Aceite que
a morte faz parte da vida
tanto quanto o nascimento.
Entregue. Aceite. Confie. Agradeça.

E renasça.

Gratidão é a flor
que brota no coração
de quem entende que
existe muito mais
nesta vida do que aquilo
que nossos olhos podem ver.

Não crie
resistência.
Sempre existe uma
bênção disfarçada
de agora. Deixe
que seja.

O que será que
o dia de hoje te reserva?
O que Deus e o Universo
vão colocar no seu caminho
para que você aprenda e evolua?
De que modo o dia de hoje
vai te aproximar mais e mais
de quem você veio para ser?
Agradeça pelo que ainda não
aconteceu e, ao final do dia,
você terá mais motivos ainda
para se sentir grato!

Não espere que
a sua vida seja sempre
um dia ensolarado.
Sem chuva, sem arco-íris.
Aprenda a agradecer
pelas nuvens e abrace
as suas transformações!

Se você não consegue
entender o propósito de
algo doloroso ter acontecido
com você, **CRIE** um.
Pense em quantas coisas
boas aconteceram em sua
vida em função disso.
Reflita se você viveria
o que vive de bom hoje,
caso não tivesse enfrentado
o que enfrentou. Agradeça
pela pessoa que você
se tornou em função disso.
E a vida te enviará pontes
onde antes você só
enxergava abismos!

Vez ou outra,
durante o dia de hoje,
lembre-se de que você
está conectado ao centro
de tudo o que há e que
você está em segurança.
Repita comigo:
"entrego, confio,
aceito e agradeço".
Não se esqueça de ser
quem você veio para ser!

Pense nisso: nunca mais
na vida você vai viver
exatamente o que está
vivendo agora. De que forma
suas sensações em relação
à sua vida mudam quando coloca
as coisas assim, em perspectiva?
Existe uma beleza única no que
você vive hoje que talvez a sua dor
e a sua resistência não te permitam
enxergar. Mas existe uma oportunidade
única de experimentar-se em um
cenário que nunca mais irá se repetir,
então viva esta bênção e confie que,
se você experimenta dor e sofrimento
agora, isso também vai passar.
Agradeça pelas coisas boas que você
tem hoje, agora mesmo. Tudo é muito
valioso. Abra os olhos e veja!

Você consegue perceber o milagre de estar vivo? Que hoje é um novo dia para desenhar e colorir a sua vida do jeito que você quiser?
Para reinventar-se livremente?
Você consegue enxergar isso, ou vê o dia de hoje apenas como mais uma página na agenda, cheia de compromissos com outras pessoas e não consigo mesmo? Mais um "hoje" perdido no tempo, em eterna busca por algo que você nem sabe direito o que é? Se você enxerga algo além do fato de que cada dia é uma possibilidade de reinventar-se e criar a vida do jeito que você quer que ela seja, saiba: você está perdendo inúmeros motivos pelos quais se sentir grato. Porque a verdade é uma só: você é livre. Sempre foi. E sempre será.

Olhe bem para seus pés –
você tem a consciência de
que eles sustentam cada passo
seu na caminhada de buscar
uma vida mais feliz?
Tire uns instantes para
fechar seus olhos e
simplesmente ser grato!

Reflita: como você reage quando recebe um elogio? Responde logo de cara um "imagina, são seus olhos"? Se você quiser viver uma vida sintonizada com a energia da gratidão, comece por aprender a receber elogios e gentilezas. Mostre que você aceita energias positivas de quem as envia e, cada vez mais, receberá isso da vida.

Não é quem
é feliz que agradece.
É quem agradece
que é feliz!

Às vezes as coisas
parecem estar todas
de pernas para o ar –
quando, na verdade,
elas estão se embaralhando
para serem encaixadas
em seus lugares ideais.
Na dúvida, agradeça!

A chuva que cai hoje
é o que nutre a semente
que vai germinar o alimento
de amanhã. Nada é por acaso.
Concentre sua energia em
limpar sua mente que
divide as coisas o tempo todo
entre certas e erradas –
e seja grato!

Você é bom em pedir
e aceitar ajuda? Pois saiba que
vivemos uma grande ilusão de
separação, e que a Existência
não tem mãos para te apoiar
que não sejam as das outras
pessoas. Ninguém é ilha e
vive sozinho. Aprenda a
reconhecer quando você
não dá conta sozinho
e prepare-se para
experimentar a gratidão que
vem da colaboração!

Tem coisas que
só o tempo mostra.
Quantas vezes você
rezou por algo que não
aconteceu e, depois,
se sentiu grato por
não ter conseguido
o que queria? Confie!

Por que você faz o que faz?
Amor ou medo? Por que você
escolhe um caminho ou outro?
Amor ou medo? O que você diz
para a vida? Sim ou não? Essa é
a única pergunta realmente
importante. E quando você
conseguir compreender a
importância da gratidão neste
processo, terá aprendido tudo
o que é importante nesta vida,
porque a semente que você planta
é a que vai germinar. Se plantar
amor, vai colher amor.
Se plantar medo, vai colher medo.
E se plantar gratidão, vai colecionar
motivos para se sentir cada vez
mais grato. Tomateiro dá tomate,
bananeira dá banana.
Simples assim. :)

Você já parou para pensar na loucura que é ter água encanada saindo pela sua torneira? Alguma vez você já imaginou o que nossos ancestrais sentiriam se, um dia, soubessem da possibilidade de não mais precisar procurar por fontes de água limpa o tempo todo? Com certeza se sentiriam enlouquecidamente gratos. Por que você não?

Durante todo o dia de hoje,
procure colocar uma dose
extra de amor em tudo
o que acontecer. Se te disserem
algo de que não goste:
adicione amor. Se te derem
um conselho que não pediu:
adicione amor. Se enxergarem
algo em seu comportamento
que para você não está lá:
adicione amor. Perceba como
adicionar amor em vez
de resistência muda
o seu estado interno.
Ao final do dia de hoje,
agradeça a si mesmo pela
injeção de energias boas
que você mesmo se deu!

Pense na Gratidão e
na Reclamação como
duas sementes que existem
dentro de você. A semente
que for nutrida vai germinar
e dar origem a uma árvore
imensa, e ocupar todos os
espaços livres existentes.
Qual das duas sementes
você prefere nutrir?

Não duvide dos seus sonhos.
Nem por um momento
se questione se eles
são possíveis. Tudo o que existe
na vida foi, um dia, um sonho
louco de alguém. A borboleta é
uma lagarta que não duvidou
de sua capacidade de passar
pelo casulo. Não duvide de sua
capacidade de transformar
sua imaginação em gratidão!

Desafio para o dia
de hoje: aconteça o que
acontecer, tenha em mente
que está acontecendo
exatamente o que deveria
estar acontecendo. E a cada
intromissão da sua mente
julgamentosa que insiste
que está tudo errado, inspire
profundamente e repita para
si mesmo: "eu relaxo, confio
e permito que a vida flua".

Faça o seguinte exercício:
feche seus olhos e teletransporte-se
vinte anos no futuro.
Imagine-se vinte anos mais velho,
vivendo coisas e tendo uma vida.
E, então, olhe para trás, para seu
passado, para este exato momento, e
observe como você estava vivendo
a sua vida, pensando seus pensamentos
e sentindo o que sentia, vinte anos
atrás. Observe suas preocupações.
Com o que você estava se preocupando
na época, o que vinha tirando o seu sono
que hoje, vinte anos depois, você vê
que era uma tolice? E quantas coisas
boas existiam para as quais você
não dava bola? Agora volte vinte anos
no passado, para este exato instante,
e agradeça!

Se nosso Ego fosse
menor, se não
competíssemos tanto
uns com os outros,
se não estivéssemos
o tempo todo focados
na grama sempre mais verde
do vizinho – só nos restaria
ser gratos!

**Permita que
a sua gratidão
seja a sua
mais frequente
oração!**

Se quiser ser livre
de verdade, abandone todos
os seus julgamentos e trabalhe
seu interior no sentido da
aceitação plena. Nada é bom ou
ruim. No máximo é agradável
ou desagradável – e o que agrada
ou não agrada tem muito mais
a ver com fragilidades, ego e
zonas de conforto do que
com qualquer outra coisa.
Abandone qualquer julgamento
assim que ele se formar na
sua cabeça. Esteja aberto para
novas possibilidades. Agradeça
sempre – a tragédia de ontem
pode se transformar em
bênção amanhã!

Em algum momento
do seu passado te ensinaram
que você era feio por dentro
e você acreditou, porque o que
mais faria uma criança pequena e
vulnerável? E, então, você não
se mostra; não consegue ser
verdadeiramente íntimo de
ninguém. Toda a sua vida gira
em torno do revelar-se e ser,
simplesmente, quem você é.
Comece hoje mesmo a vencer
cada uma das barreiras que
você construiu ao redor do
seu coração – e, amanhã,
agradeça por ter começado hoje!

Deixe que o que tem cor
tenha cor e o que é preto e branco
seja preto e branco. A maior parte
de nosso sofrimento vem de tentar
colorir o que não tem cor,
ainda mais se o que é preto e
branco tiver sido colorido um dia!
Mas focinho de porco não vai virar
tomada só porque não nos conformamos
com o fato de que as coisas
mudam. Entregue, renuncie –
largue mão. Você só sabe o que é para
ser seu quando o deixa livre para partir.
Aprenda a agradecer por suas
mãos vazias; de que outro modo
você vai poder usá-las para segurar
todos os presentes que
a vida tem para te dar?

**Às vezes os melhores começos vêm disfarçados dos piores finais.
Se nada mais estiver ao seu alcance, agradeça!**

Dentro de você
toca uma música,
e é uma música única.
Ninguém mais no mundo
possui essa melodia.
Ela toca todos os dias,
ininterrupta e incessantemente,
sem parar. Gratidão é
quando você resolve
se levantar e dançar. :)

"Não permita que os problemas de ontem e o medo do amanhã destruam o dia de hoje."

Provérbio chinês

Dentro de você existe
uma criança, mas você, adulto,
raramente a vê. Ela se esconde,
porque em algum momento
da vida entendeu que não era
bem-vinda. Seus medos não
eram bem-vindos e ela tinha que
ser forte, apenas. Mas todas
as vezes em que alguém te frustra,
sua criança vem à tona e usa
a sua boca para chorar seus
rancores. Interrompa o ciclo
e olhe para ela. Aprenda a acolhê-la.
E quando você conseguir olhá-la
nos olhos, agradecerá por ela
nunca ter te abandonado:

agora, sim, você está completo.

Sua mente e seu coração
formam um todo indivisível.
Sua mente pensa – seu coração
agradece. Não permita que
sua mente seja soberana ao
seu coração, porque mais
do que depressa ela vai começar
a exigir motivos pelos quais
agradecer. Abandone sua cabeça
quando ela começar a falar
alto demais. Foque na gratidão
e reequilibre o sistema!

Sabe os heróis dos contos de fadas que você já ouviu? Eles eram caras normais: sentiam medo, insegurança e ansiedade. Mas eles seguiam mesmo com medo. Eles faziam o que tinha que ser feito apesar do medo. Então entenda que o medo faz parte do que você veio aprender por aqui: transcendê-lo e seguir adiante. Encontre sua alma e permita que a gratidão seja a sua bússola nesse processo!

Permita que todo o seu medo
se esvaia. Inspire contando até dois,
segure o ar contando até dois
e solte o ar contando até quatro,
permitindo que com ele saia
todo o medo que existe dentro
de você. O que você faria se
não temesse tanto por não
conseguir o que quer? Quais
comportamentos você deixaria
de ter se não tivesse que se
defender o tempo todo?
Consciência é poder: tenha em mente
de que modo seus medos
te influenciam e construa
uma vida com mais
gratidão e menos proteção!

Faça o que quiser,
mas não deixe de
fazer o que gosta.
Fazer o que você gosta e
o que te faz feliz desperta
o aspecto divino único que
habita seu interior. Nada
te faz mais especial para
o Universo do que fazer
o que você gosta. Nada faz
Deus mais feliz. Alegre-se e
transborde para o mundo.
Todos nós agradecemos!

A gratidão é
a música que vem
de dentro do
seu coração:
dance!

Você pode não perceber,
mas um milagre está acontecendo
neste exato momento na
sua vida. Mas ele não está vindo
embrulhado com um laço de cetim.
Na maior parte das vezes, os milagres
vêm amarrotados e sujos,
disfarçados de problemas e
dificuldades. Mas bonitos ou feios,
todos eles te transformam – se você
permitir. Não em uma pessoa melhor
do que as outras, mas melhor do
que a pessoa que você era dois minutos
atrás. Basta permitir.

E agradecer!

Inspire, segure, expire.
Deixe que, com sua expiração,
toda a sua preocupação se vá.
Está tudo bem. Olhe para cada
pessoa à sua volta como um
professor que vem lhe ensinar
a respeito de fé, amor incondicional,
respeito e confiança. Cada situação
que acontece é uma oportunidade
para aprender sobre perdão.
Não se revolte contra quem te agride:
agradeça pela oportunidade de
aprender sobre tolerância
e compaixão. Não dê as costas
a quem te fere. Agradeça pela
oportunidade de praticar o perdão.
Ação pela não ação, WU WEI.
Até que todo o seu ser
seja amor e gratidão.

Se você fosse capaz de
se distanciar um pouco dos seus
problemas e enxergá-los com
imparcialidade, ia ser capaz de
compreender exatamente o porquê
de você estar vivendo o que está vivendo.
Sua capacidade de amar está sempre
sendo refinada. Sua fé e paciência
vêm sendo esculpidas e o aqui e agora
têm sido testados – mas tudo isso
está te transformando num ser humano
melhor. Você está sendo fortalecido e,
se voltar seu coração na direção certa,
terá o corpo necessário para realizar
todos os seus sonhos. Não complique
demais as coisas: você está vivendo o
que deveria estar vivendo. Faça disso
o melhor que puder. E não se esqueça:
a gratidão é a canção do coração.

Acredite que você
está pronto para viver
seus sonhos e você estará.
Acredite que ainda
não é a hora certa
e assim será.
Você cria a sua realidade
quando escolhe com
quais olhos quer enxergá-la.
Milagre ou desgraça?
Na dúvida, agradeça!

"Não existe erro nos planos de Deus."

Provérbio celta

Você pode muito.
Muito, muito mais do que
é capaz de imaginar.
Nas condições certas é
capaz de fazer coisas
inacreditáveis, mas não espere
as condições certas
(muitas vezes tragédias)
acontecerem. Faça o que tem
que ser feito agora.
Você consegue – pise com
gratidão que a vida dá o chão!

Nada como um dia
depois do outro, e
mais um depois deste,
para aprender a agradecer
pelos desafios.
Continue caminhando.
Continue.

Tudo é uma coisa só.
Tudo o que acontece está interligado, nós formamos uma teia invisível de eventos correlacionados. O que você está vivendo agora está relacionado com o que eu estou vivendo agora, que tem relação com a frase estampada na camiseta do adolescente que cruzou com você na rua há cinco segundos. Tudo é uma coisa só. Todas as respostas para todas as suas perguntas já foram respondidas, basta estar atento e olhar ao redor. Mais cedo ou mais tarde aquilo que você procura vai te encontrar, porque também vem procurando por você.
Abra seus olhos.
Confie e agradeça!

Viva cada dia
da sua vida como se
fosse o primeiro.
Olhe para as coisas e
permita-se maravilhar-se
com elas. Cada pequena coisa
que te cerca é digna
de encantamento e de
maravilhamento. Não se distraia
e nem se perca no que
não é importante:
cada coisa é um milagre –
suspiros de Deus.

Seja grato: a vida passa
num instante. Daqui a dois segundos
vão ter se passado trinta anos
e você vai olhar para trás e pensar
a quantidade de tempo que perdeu
pensando em bobagem.
Se preocupando com inutilidades.
Se culpando por coisas que não eram
sua culpa. O tempo vai passar e
você vai olhar pra trás e vai ver que
a vida era boa e que você era
abençoado. E você vai desejar ter
agradecido mais pelas dificuldades,
porque mais sábio e velho, você vai
se dar conta das coisas lindas

que vieram com elas.

**"A beleza está
nos olhos
de quem vê."**

Ditado popular

Como diz a frase:
"mares calmos não criam
bons marinheiros".
E se nos distraímos das coisas
verdadeiramente importantes
podemos desistir de olhar
a vida com os olhos bem abertos
de quem ainda tem muito
a aprender sobre ser humano.
Agradeça aos mares
tumultuados, às ondas que
estouram na sua cara, aos caldos
intermináveis, à água engolida.
Agradeça por tudo o que vem
te tornando mais humano.
Seu único objetivo nesta vida
é se aperfeiçoar e ser hoje melhor
do que era ontem.
Agradeça por tudo o que constrói
a sua caminhada!

O maior privilégio da
vida é viver. Desfrutar
cada segundo ao lado de quem
você ama. O maior milagre
da existência é este
segundo – aqui e agora.
Somos todos imortais
no aqui e agora. *Tic tac.*
O único sentido da vida é viver.

Converse com Deus.
Peça seu sinal e, então,
fique atento a tudo o que
acontece à sua volta.
De que adianta perguntar
se você não silencia para
poder escutar? Existe muito amor
aqui para todos nós!

Sim, a sua vida pode ser
um sonho. Basta que você lute
incansavelmente para ser
a mudança que você deseja
ver no mundo. Vai dar medo.
Vai cansar. Mas o caminho é
um só: para a frente.
Seja grato por saber a direção.

Inspire outros com
o seu exemplo,
não com o seu discurso.
Olhe ao seu redor e
perceba a quantidade
de coisas pelas quais você
pode ser grato.
A gratidão vai te trazer
a leveza que faz
a diferença.
Pratique!

"É melhor pouco e bom
do que muito e ruim!"

Provérbio judaico

Faça a sua parte para
viver a vida que
deseja viver. Faça tudo o que
estiver ao seu alcance e,
quando chegar no limite
de suas possibilidades,
entregue para que o Universo
faça a parte dele. Apenas
determine, "e assim é".
Assim será. E depois de
determinar, agradeça pelo
que já é. Não dê espaço para
nenhuma sombra de dúvida.
Quando você faz a sua parte,
ganha a autoridade para pedir
que Deus faça a dele!

Se você não sabe
pelo que agradecer,
INVENTE!

Antes de se deitar
para dormir hoje à noite,
pense em uma coisa que
aconteceu no seu dia
que te fez ser uma pessoa
melhor do que você
era ao acordar.
Qualquer coisa.
Sempre existe algo
para agradecer!

Quando você agradece pelas pequenas coisas da vida, elas se tornam imensas!

Sim, existiram muitos
momentos na sua vida
em que você teve certeza
de que não seria capaz de
seguir em frente.
E, a despeito disso,
você está aqui.
Se você está vivo é porque
sobreviveu a 100% dos
seus piores dias – agradeça
a si mesmo por
nunca ter desistido!

Agradeça pelas pessoas
que fazem parte da sua vida.
Cada uma delas é uma professora
em especial se você for
capaz de abandonar sua mente,
que mente que elas deveriam
ser diferentes. Foque no que você
aprende com cada uma,
e você perceberá em qual
aspecto cada uma delas
te ensina a ser
um ser humano melhor!

Do ponto de vista da alma,
não existem acidentes:
tudo tem um motivo e tudo
faz sentido e você não enxerga
porque quer que as coisas
façam sentido na sua cabeça.
Não farão. Saia da sua cabeça,
habite a sua alma. E, em breve,
tudo lhe será motivo
de gratidão!

**"Eu sinto muito.
Perdoe-me.
Eu te amo.
Sou grato."**

Ho'oponopono

A prática da gratidão
não muda as coisas na
sua vida. Ela faz com que
seus olhos se ajustem.
Porque quando a gente
aprende a olhar as pequenas
coisas com olhos coloridos,
tudo se transforma
em milagre!

São as pequenas coisas.
A gente passa a vida querendo
que ela seja repleta de coisas
grandes e importantes,
mas a vida só se torna imensa
quando a gente aprende
a agradecer pelas
pequenas coisas!

Viver é muito simples.
Todos os dias você acorda
e dá o seu melhor. Em tudo.
Nem sempre o seu melhor
vai ser suficiente – e, nesses
momentos, o seu melhor é
aprender a agradecer pelos
aprendizados. O resto é ego.
O resto é resto. Abra seus olhos,
vai lá e vive!

O Universo é um espelho
que reflete exatamente
o que existe dentro de você,
e dá mais do mesmo do que
já existe aí dentro. Por isso
é que dizem: "agradece,
que a graça desce".
Agradece! A graça desce!

> **"As boas coisas vêm quando estamos distraídos."**
>
> Provérbio indiano

Seja o comandante
da sua própria vida, e permita
que a gratidão seja
o vento que empurra
sua embarcação suavemente
pelo horizonte. Olhe para dentro
e limpe sua mente. Faça a sua
parte e deixe que a vida
faça a dela!

Nada é o que é.
Tudo é o modo como
você enxerga. As coisas não são
como as coisas são:
elas são como você é.
Cada um dos acontecimentos
da sua vida te possibilita
um aprendizado, basta que
você esteja atento.
Agradeça pelas lições – SEMPRE!

Agradeça não apenas pelos caminhos percorridos, mas também pelos que ainda faltam percorrer!

Tudo sempre acontece
por um motivo,
e basta que você
se abra para ser capaz
de enxergar. Agradeça
por tudo: não existe
falta no mundo!

Quando estiver diante
de desafios, feche seus olhos
e questione-se: o que você faria
se cada pequena célula
do seu corpo fosse feita
de entrega e confiança?
Então, abra os olhos e
agradeça pelo desafio
do momento.
Ele está te lapidando.
Permita-se!

**A gratidão é
sua declaração
de amor
pela vida!**

Seja o que for que você
esteja vivendo neste momento,
saiba que você está pronto
para isso. Não há fruta que
caia do pé sem estar madura.
Então: relaxe. Então: confie.
Se aquiete e agradeça.
Sorria que a vida
sorri para você!

Enquanto você ocupar
o papel de vítima na sua vida,
absolutamente nada vai
acontecer. NADA. Porque
a vítima não pode fazer nada a
não ser torcer para que a ajuda
venha de algum canto e ela possa
ser salva. Mas você não precisa
de salvamento. Você não precisa
de nada além de aprender
a agradecer de verdade. E quem
não precisa de nada pode
escolher ter o que quiser!

Não perca seus sonhos
de vista. Permita que eles
sejam o sol e, então, gire
em torno deles. Se pensamentos
de medo vierem, troque-os e
projete na sua tela mental
aquilo que você deseja viver,
sentir e ser. Não foque nos
problemas: foque na pessoa
que eles estão te ajudando a ser.
Agradeça. Confie. Receba!

Agradeça, todos os dias,
pela oportunidade de abrir
seus olhos e enxergar o mundo
à sua volta – muitas pessoas não
conseguem. Você já agradeceu
pela sua capacidade de ver,
de enxergar, de perceber a diferença
entre diferentes tons de cores?
A gente foca tanto no grandioso,
no enorme, no fenomenal, que nos
esquecemos das coisas mais simples.
Durante o dia de hoje,
sempre que enxergar
alguma coisa bonita, feche seus olhos,
respire fundo e vibre toda a gratidão
que você puder. Agradeça por
seus olhos e por cada pequena coisa
que eles são capazes de enxergar.
Perceba como sua energia muda!

Viva a vida com a leveza
que vem de um coração grato.
Você pode não saber exatamente
aonde quer chegar ou como
vai fazer para chegar lá,
mas você sabe onde está e isto
pode ser mais leve. Não importa
o que aconteceu. Não importa o que
vai acontecer. A única coisa
que importa é o que você carrega
dentro do coração neste momento!

"O coração que está em paz vê uma festa em todas as aldeias."

Provérbio hindu

O processo de autoconhecimento é
semelhante ao desabrochar
de uma flor. Suas pétalas se abrem,
uma a uma, revelando ao mundo
do lado de fora o que existe
em seu interior. O aprendizado é ser
como a flor, que não tem medo
da opinião alheia. Tudo o que há
é o Sol a brilhar, as borboletas
coloridas a ir e vir e a brisa fresca
a agitar sua alma, para lá e para cá.
Seja como a flor, que agradece pelas
pequenas coisas e que vibra amor
e presença em cada momento
do processo de se abrir ao mundo!

Nem sempre a velocidade
com que a vida anda e
o ritmo com que as coisas acontecem
é o nosso ritmo. Mas existe uma beleza
oculta por trás da frustração que
apenas quem tem olhos é capaz
de enxergar, porque nela um "eu"
morre e um "eu" nasce. Na frustração,
a fragilidade oculta é posta na ribalta
e a sombra se ilumina um pouco mais.
É um novo eu. É um novo você.
Que abramos os braços,
o peito e a alma com
gratidão e confiança!

Permita que o dia de hoje
seja o que veio para ser.
Sem resistências, sem "devia,
podia, tinha que". Apenas aceite.
Experimente não negar nada.
"Mas isso é conformismo",
você pode pensar. E eu te digo:
não resistir é um trabalho enorme.
Resistir é conformismo: se conformar
em permitir que a mente continue
ditando como sua vida deveria ser e
como as coisas deveriam acontecer.
Isso é conformismo. Aceitação é
libertação – e o próximo passo é a
certeza de que aconteceu exatamente
o que tinha que acontecer.

Para o bem maior; para o seu bem!

**"Caminhamos pela fé,
não pela visão."**

Paulo de Tarso

Todos os dias, antes mesmo
de sair da cama, tire alguns
segundos para vibrar
contentamento e gratidão
em cada uma de suas células.
Perceba como seu estado
de espírito é imediatamente
afetado. Agradeça pela
oportunidade de tentar,
mais uma vez,
tudo aquilo que você
até hoje não conseguiu.
Nasce um dia,
renasce a esperança!

O que você veio
mostrar ao mundo?
Qual é a sua mensagem?
Encontre seu próprio brilho
e nunca mais você precisará
buscar fora de você o que
sempre esteve dentro.
O caminho pode ser longo,
mas vale cada centímetro
percorrido. E, quando você
chegar lá, agradecerá
por cada pedra no caminho.
Elas sempre foram preciosas,
apenas seus olhos não viam!

Paraíso ou inferno
estão dentro de você –
dependem dos seus olhos.
Você pode enxergar
o mundo como se o tempo
todo a vida estivesse te
trapaceando, ou como se
tudo ao seu redor fosse
uma oportunidade de
crescimento e evolução.
Você escolhe – o que vai ser?

Fé é pisar no vazio
sabendo que o chão vai
surgir e te sustentar.
Amor é dizer sim
ao mundo e ao que ele trouxer,
incondicionalmente.
Gratidão é sintonizar
seu coração com a melodia
que vem da Criação.
É só disso que precisamos!

Existe um lugar dentro de você
onde tudo é quietude.
Você pode acessar esse espaço
sempre que quiser: aceite tudo
sobre você mesmo. Não resista
a nada e então você mergulhará
nesse espaço de silêncio que
existe dentro de você.
Esse espaço te espera ter
a coragem de ser quem você é
e de relaxar em si mesmo.
Não resista. Aceite. Acolha.
Compreenda: transforme briga
em aceitação, resistência em gratidão.

Esse é o verdadeiro milagre!

A vida está louca pra te dar
seu sonho nas mãos – mas
você está pronto para receber?
Você é um bom recebedor?
Como você se sente e age quando
recebe algo de alguém – um
presente, por exemplo? Um elogio?
O que você faz? Sorri amarelo e diz
que "não precisava se incomodar"?
Esteja atento: o modo como você
reage quando te oferecem algo é
o modo como o Universo te enxerga
diante das bênçãos que ele tem
e pode te oferecer. Quer receber mais?
Esteja pronto e aceite! Pare de repetir
baboseiras de quem não se julga
à altura de viver seus sonhos.
Diga: "gratidão".
Todo o resto está feito!

A vida só tem
uma direção:
para frente.
Nada do que o ontem
trouxe será igual amanhã.
E existe uma beleza
singular nisso – contemple!

Pare por um segundo,
feche seus olhos e
repita comigo:
"eu permito que o que é seja,
e me abro para a beleza
que existe no agora".
Bom dia!

Relaxe e confie:
tudo acontece
por um motivo,
ainda que você não
o enxergue de imediato.
Tudo tem uma razão
e um propósito, e se você
não consegue enxergá-los,
INVENTE-OS!

"Um homem satisfeito é como um barco que navega em ventos favoráveis."

Provérbio chinês

Preste atenção:
o dia de hoje vai
te transformar para sempre.
Você nunca mais será
o mesmo depois do dia
de hoje, porque o dia de hoje
é único e nasceu para ser
transformador. A base desta
transformação pode ser
seu amor ou seu medo.
Sua gratidão ou sua reclamação.
Seu sim ou seu não.
Toda escolha é legítima:
escolha bem!

Entenda de uma vez:
a felicidade não ocorre
como consequência de nada.
A felicidade depende
da sua forma de enxergar
a sua vida e seus desafios.
Não espere receber bênçãos
para ser grato. Receba bênçãos
por ser grato!

Desistir não é
uma opção. Continue
caminhando! Um dia
você vai agradecer
por ter persistido
um pouco mais.

"Entrego, aceito, confio e agradeço."

Professor Hermógenes

Diga SIM
para a vida:
surpresas boas
te esperam logo ali,
virando a esquina!

Quando não conseguir encontrar
motivos para ser grato,
pense nas pequenas coisas.
Na água que sai pela torneira
quando você gira o registro.
Na lâmpada que se acende
quando você aperta o interruptor.
No teto sobre a sua cabeça
em um final de tarde chuvoso.
Há apenas alguns séculos,
seus antepassados ficariam
maravilhados se soubessem que
estas pequenas coisas seriam
nossa realidade um dia.
Foque no que torna
a sua vida especial sem ser especial.
Agradeça!

Você não tem problemas:
seu ego tem. Ele é que defende
a ansiedade de não ter o que quer,
porque foi condicionado a acreditar
que só seria feliz se alcançasse
objetivos. Você não precisa
alcançar objetivos. Você precisa
apenas do que já tem, no aqui e agora.
Olhe seu ego com bondade,
e a vida te trará inúmeros

motivos pelos quais ser grato!

Existem infinitas possibilidades
além das duas ou três que
a sua mente te diz serem as ideais.
Trabalhe em se limpar
do blá-blá-blá mental que te diz
o tempo todo que as coisas deveriam
ser diferentes. Abra-se para
o desconhecido, abrace o inesperado,

agradeça pelo que virá!

"Aquele que ri
ao invés de enfurecer-se
é sempre
o mais forte."

Provérbio japonês

Graças às vezes em que
você se queimou é que você
consegue escolher a temperatura
do seu banho e da sua sopa.
Graças ao mal que você experimentou,
você é capaz de escolher ser gentil
e generoso com o teu próximo.
É assim que a vida é, e quanto antes
você entender que a dualidade é
uma bênção, melhor. Porque Deus
não criou nada menos do que perfeito.

Que saibamos ser gratos.

**Verdade
é não julgamento.
Pratique!**

Respire fundo,
inspirando a certeza de que
você está seguro e
expirando a confiança de que
Deus e o Universo cuidam
de você. Está tudo bem.
Você está bem.
Existe muito amor aqui
para todos nós.

Respire fundo,
respirando a certeza de que
você não está
explorando a caminhada de que
Deus o Universo idam
de você. Está tudo bem.
Você não é
Existe muito amor aqui
para todos nós.

Seja mais simples,
cobre-se menos,
divirta-se mais.
Crie expectativas,
mas sem ansiedade.
Fale menos,
ouça mais, agradeça.
Aquiete seu coração.
Você está aqui por um motivo.
Lembre-se sempre!

Quando não souber
o que fazer,
pergunte-se o que
você faria se não
tivesse medo.

O melhor ainda está por vir!

Transforme seu
"por quê?" em um
"para quê?" e veja
sua vida inteira se
transformar em motivos
para agradecer!

CELEBRE! Toda situação serve
para mostrar em que ponto
da jornada você está de verdade.
Cada desafio que te tira
da zona de conforto te mostra
onde moram os seus medos e
aponta caminhos. Quando as situações
da sua vida te levam a se questionar:
"e se determinada coisa acontecesse?"
e as respostas todas se referirem a
seus medos, CELEBRE!!! Encare
essa situação como um presente
que a vida está te dando.

Desembrulhe seu presente e avance!

Sua vida sempre vai
ter as cores que você
escolher para pintá-la.
Escolha o bem!
Escolha a confiança!
Escolha agradecer!

O Universo vibra
na frequência na abundância,
e toda percepção de escassez
vem da ilusão do medo.
Mas da mesma forma que
quando você corta o pé o seu
próprio corpo se regenera
sem que você precise dar
um comando para isso,
todos os desequilíbrios e
desarmonias do Universo
se realinham se apenas
permitirmos que as coisas
sejam. Basta aprender
a confiar no processo!

"A luz com que
vê o mundo é a luz
com que o mundo te vê."

Provérbio africano

Aceite o que é seu
por direito de nascença:
ser quem você é,
brilhando a sua luz
o máximo que puder.
Revelando-se do lado de fora
o que você tem do lado de dentro.
Iluminando todos ao seu redor.
Não tenha medo!

Sua vida está sempre
te levando para algum lugar além.
Nada do que esteja acontecendo
neste momento é a cena final.
Sua mente vai te soprar
muitas coisas, metade delas horríveis,
mas a verdade é uma só:
tudo está em movimento,
e o horrível de hoje
pode ser sua bênção de amanhã.

Você tem o Universo inteiro
dentro de você. Todas as dores
e aflições humanas existem
dentro de você para lembrá-lo
de sua condição humana
e de sua proposta de aprendizado.
Foi isso o que veio fazer aqui:
aprender. Cada pequena dificuldade é
sua professora. Cada pequeno desafio é
uma nova oportunidade. E quando
você conseguir se sintonizar
com esta realidade, a gratidão
será a sua única oração.

O dia de hoje
é o seu
para sempre!

Todas as pessoas que você
já foi um dia permanecem
vivas dentro de você.
Até aquelas que você
não gostou de ser.
Até aquelas que guardam
toda a sua dor. Agradeça
por cada uma delas – se
você não tivesse sido quem foi,
não seria quem é hoje.

A sua mente é sua amiga,
e só parece ser inimiga
porque você foca muito mais
a sua atenção no que gostaria
de ter e não tem do que em
todas as maravilhas que estão
presentes na sua realidade
neste exato instante.
Treine a sua mente todos os dias
para reconhecer o bom,
e ela vai funcionar como
um terreno fértil no qual
todas as sementes
vão germinar e prosperar!

Repita comigo:
"todos os dias,
sob todos os
pontos de vista,
vou cada vez melhor".

Émile Coué

Nosso maior desafio é
deixar que tudo flua.
É dar passagem a todos
os sentimentos e permitir que
eles se escoem em si mesmos.
É permitir que todas
as emoções, agradáveis ou não,
simplesmente chovam
dentro de nós.
E é chover com elas.

Fale de si mesmo como
você gostaria de ouvir
outra pessoa falando!
Seja a pessoa que você
gostaria de ter
como melhor amigo!

"O teu retrato
do mundo só pode
espelhar o que
está dentro de ti."

Do livro *Um Curso
Em Milagres*

A mudança do mundo
começa em você.
Pelo que você
se sente grato
no dia de hoje?

Aceite seus desafios
do dia de hoje
com coragem,
paciência
e gratidão!

Ninguém nunca estará
isento de dores – mas
você poderá ressignificá-las
se aceitá-las como oportunidades
de evoluir. De que forma
sua experiência está
te transformando
num ser humano melhor?

Nossos olhos enxergam apenas aquilo de que nosso coração está cheio!

Toda situação, por mais difícil
e complicada que seja,
esconde uma bênção.
Mesmo que você não a enxergue ou
a compreenda logo de cara, agradeça.
A gratidão faz com que a carga
energética de resistência a uma
determinada situação se dissipe,
e então vem o vazio que dá espaço
para os milagres acontecerem.
Agradeça. Quanto maior a gratidão
experimentada por uma pessoa,
maior é a chance de os milagres
se manifestarem. E milagre nada
mais é do que o medo ser
transformado em amor.
Ame seus problemas e eles deixarão
de ser problemas.

Simples assim!

Se quer saber a realidade
que você está construindo
neste exato instante,
observe o conteúdo
das palavras que
estão saindo de
sua boca. Esta é a
energia que você está
emanando ao mundo.
Esteja atento!

Se você não tem
motivos para agradecer,
invente! Adicione alegria
ao seu dia: uma conversa
com um amigo, um sorvete
depois do almoço, um filme
com pipoca ao final do dia.
Todos os dias, invente
motivos pelos quais agradecer.
Sua vida vai mudar
num passe de mágica!

Deixe o que foi
no passado e tenha
paciência para
esperar o futuro.
O hoje é tudo
que importa.
O hoje é o seu presente –
agradeça por ele!

Se você olhar para trás
na sua vida, vai perceber que
todas as suas grandes dores
sempre te levaram além.
Sempre ensinaram coisas e
te tornaram um ser humano
mais forte. Lembre-se disso e
encare seus problemas com
mais coragem, confiança e entrega.
Seja lá o que você esteja vivendo,
isso está te levando para outro lugar,
em que alguma coisa vai acontecer.
Você vai conhecer alguém ou algo
vai completar o quebra-cabeça que
você nem sabia que tinha peça
faltando. Seja o que for que você
esteja vivendo: tá tudo bem.
Confie. Entregue. Agradeça!

Quando curamos
as feridas do
nosso coração,
curamos todas
as feridas do mundo.
Acredite!

A chave da felicidade é
a aceitação total e irrestrita
de tudo o que é. E quando aceitamos
o que é, permitimos que o que é
nos transforme. Nos rendemos à
inteligência da vida e abrimos mão
de nossas próprias certezas. Fluímos
com a vida como um rio flui por
seu leito. E quando somos capazes
de agradecer por tudo, nos
transformamos em cachoeira:
nos atiramos no vazio e
nos deixamos cair.

Seja qual for o ponto
da caminhada em que você está,
HONRE a sua jornada. Para que você
ame o seu futuro é necessário que
você ame o seu passado. É preciso
que você perdoe a si mesmo e
aos outros. E é preciso que você
permita que a flor da gratidão
brote no seu coração.

Permita! Permita-se!

Seja qual for o ponto
da caminhada em que você está,
HONRE a sua jornada. Para que você
ame o seu futuro, é necessário que
se sinta orgulhoso do seu passado,
que fora preciso, sabroso e
arriscado. É preciso que você
permita que a dor te grande,
bata no seu coração
Permita-se sentir-se!

Vida longe do fluxo
é refluxo, arde e incomoda,
faz sentir um gosto que
não era para estar ali.
Reconecte-se com o fluxo da
vida por meio da gratidão –
foco no aqui e agora.
Pelo que você escolhe
agradecer hoje?

O que você fala de si
fica tatuado na pele
do mundo para sempre.
De que modo você
conta as suas histórias?
Com vitimização,
reclamação
ou gratidão?

Se você ainda
não conseguiu chegar
aonde queria,
agradeça por estar
mais próximo.
Não desista!

Do que você realmente
precisa para ser feliz?
Quando você tiver
essa resposta,
nunca mais terá
perguntas a fazer.

Viva! Encante-se!
Sorria mais,
preocupe-se menos.
A vida é linda, e se você
não consegue ver essa beleza
é só porque sua mente
está mentindo,
e você, acreditando.
Use cada segundo do dia
de hoje para ser mais feliz
e se aproximar mais da vida
que você quer ter!

**A vida gosta
de quem
gosta dela!**

Cada dia um novo recomeço.
Se você não gostou
da versão que você foi
ontem, pode fazer diferente
hoje. Respire fundo,
visualize coisas boas e,
acima de tudo, agradeça
por ter aberto os olhos novamente.
Agora, vai lá e vive!

A confiança é a base da existência.
A folha cai da árvore confiante
em ser recebida pelo solo,
e o passarinho pousa no galho
da árvore confiante de que
pode contar com suas asas
no caso de o galho quebrar.
E o bebê nasce nu, entregue,
vulnerável, absolutamente
dependente dos cuidados de alguém.
É esse o tamanho da confiança
que a Natureza tem em todo
o processo. Que seus filhos
dependentes, vulneráveis e nus
serão acolhidos, protegidos e nutridos
por outros. Deus e a Natureza
nunca desistiram de você.

Não desista deles também.

Agradeça diariamente
a todas as pessoas que
contribuíram, durante aquele dia,
para que você se tornasse
um ser humano melhor.
Todas as pessoas com as quais
você interagiu, trazendo sensações
boas ou não, te revelaram
partes tuas importantes e
que devem ser acolhidas e amadas.
Tenham elas trazido desafios
ou não. Às vezes quem mais
no ensina é justamente quem
mais nos tirou do sério!

Você já agradeceu
pela vida das pessoas que
você ama hoje? Não espere
acontecimentos especiais
para presentear ou dizer
o quanto estas pessoas
são importantes para você –
o melhor momento
do mundo para fazer isso
é aqui e agora!

Toda situação,
problema ou acaso
é uma oportunidade
de escolher colocar mais
amor na sua vida.
Então olhe ao seu redor
e em tudo o que
está acontecendo
na sua vida neste momento
e pergunte-se: pelo que
me sinto grato no dia de hoje?

Ame a sua vida
e a sua vida
vai te amar.
Simples assim!

Abra seus olhos.
Sua vida é perfeita
e está esperando que você
a veja como tal.

Repita comigo:
"Hoje eu escolho viver
o milagre e entender cada passo
que eu dou como algo que
me aproxima dele. Está tudo bem,
eu estou em segurança, cercado
por um campo de proteção,
amor e luz". Feche seus olhos e
agradeça pela oportunidade
de estar vivo, no aqui e agora.

Inspire amor, expire gratidão!

A maior sacanagem
do mundo seria sermos
capazes de sonhar e
incapazes de realizar.
Acredite em você
e nos seus sonhos!

Não importa o que tenha
sido ontem, hoje você tem
a chance de fazer diferente.
Começar tudo de novo!
Pedir o perdão que você sente
que precisa ou agradecer
àquela pessoa pelo bem
que ela já te fez. Aproveite estas
24 horas como se fossem
as suas últimas – um
dia, elas vão ser.

O que vai
embora com o dia
que vai embora?
Honre,
agradeça
e despeça-se!

"Em tudo
dai graças."

1 Tessalonicenses 5,18

Se você não gosta
de quem foi ontem,
agradeça pela
oportunidade
de fazer diferente
no dia de hoje!

Pergunte-se:
"o que eu posso fazer
ainda hoje para estar mais
em paz com a minha vida?
Qual mágoa estou guardando?
Qual perdão preciso dar
e não estou dando?".
Ouça suas respostas.
É o seu coração sussurrando!

Pare agora mesmo de fazer
o que quer que seja que
você esteja fazendo e
inspire profundamente.
Feche seus olhos por um instante
e conecte-se com seu aqui e agora.
A vida é o que está acontecendo
neste exato momento e não importa
o que a sua mente te diz que
você deveria estar fazendo/sentindo/
experimentando/vivendo agora.
Está tudo certo. Você está
em segurança. Respire fundo
mais uma vez e, ao deixar o ar sair,
abra sua boca e solte um som
de "ahhhh". Abra seus olhos.
Sua vida é perfeita e está esperando
apenas você enxergá-la como tal!

Nada pode ser
mais generoso do que dar
a alguém uma segunda chance,
e nós recebemos da vida
novas chances todos os dias.
O que você vai fazer
da sua no dia de hoje?

Tudo muda o tempo todo,
e sofrer por alguma coisa é,
na verdade, uma tentativa
boba de se apegar a algo
que não vai durar muito
tempo. É criar resistência
ao processo natural
de mudança, que se desenrola
espontaneamente e
automaticamente o tempo
todo. Apenas espere cinco
minutos e veja o que acontece
em seguida!

Às vezes é hora
de deixar ir.
Agradeça por sua
capacidade e
coragem de
sempre se levantar!

Você é um sobrevivente:
está no seu DNA.
Tantas pessoas viveram
e morreram para que
você estivesse aqui!
Agradeça. Você conseguiu
suportar 100% dos
seus piores momentos.
Esse é o tamanho
da sua força!

Tudo o que é feito
com amor já está
plantado e adubado.
No mais, é só preciso
confiança. Não fique
desenterrando a semente
o tempo todo para ver
se ela está germinando.
Relaxe e confie!

O que você está fazendo agora?
Construindo seu paraíso
na terra ou está apavorado,
fugindo de seus medos?
No fundo, no fundo,
esta é a única coisa que
importa no mundo: onde você
está agora e o que é neste
momento. Todo o resto é engano.
Todo o resto é ilusão.
Lembre-se de onde você já esteve,
e de onde está neste momento.
Agradeça pelos aprendizados

e siga em frente!

Não espere
sua vida melhorar
para ser feliz.
Abrace a sua felicidade
genuína, aquela que não
depende de fatores
externos para existir,
e você verá como tudo
se transformará!

Algo mágico
está acontecendo
exatamente agora.
Olhe ao redor.
Acorde!

O dia de hoje não é
mais só um dia na sua vida.
Ele é o mais especial
de todos porque é nele
que você está tendo
a chance de se aproximar
mais e mais da realização
dos seus sonhos. Encare
o dia de hoje como o milagre
que ele pode ser –
e ele será!

Nada na sua vida é banal.
Nada na sua vida
aconteceu por acaso.
Tudo está interligado,
e você apenas não é capaz
de enxergar porque sua mente
fala mais alto do que
o seu coração. Mas não precisa
ser assim. Silencie, e agradeça
por todas as pequenas coisas
que fazem parte da sua vida.
O caminho do coração começa
com a energia da gratidão!

A vida fica mais leve
quando encaramos
as dificuldades como
aprendizados, as críticas
como informação e
os incômodos como
oportunidades de sair
da escassez e mergulhar
na abundância e
na gratidão!

Ouça com
o coração, não
com a mente: isso
também passará e,
um dia, você vai
agradecer!

Não importa a religião,
país ou idioma, a mensagem é
sempre a mesma e
tem sempre o mesmo
objetivo: lembrar-nos de
entregar, confiar, aceitar e,
principalmente, agradecer!

Durante todo o dia de hoje,
reflita sobre o que você fala,
de quem fala e como fala.
Repita comigo: "Cada palavra
que sai de minha boca
cria uma realidade mais
amorosa, próspera
e abundante". Inspire bondade,
expire compaixão!

Aprenda a focar
mais nos elogios do que
nas críticas.
A sua vida depende
do seu olhar.
Ajuste suas lentes e
seja feliz o tempo todo!

Pegue leve
consigo mesmo,
você é uma obra-prima
inacabada – aceite estar
em constante
construção!

Existem dois tipos
de pessoas: aquelas que
esperam que o mundo mude
para que elas não abandonem
suas zonas de conforto, e aquelas
que já despertaram para
a realidade de que o incômodo que
o outro nos causa é a pista da qual
precisávamos para encontrar e
acolher pontos de fragilidade
dentro de nós mesmos.
A gratidão é
o caminho da libertação!

A bênção de viver é
poder morrer quantas
vezes forem necessárias
para que você renasça
cada vez mais verdadeiro
consigo mesmo e com
os desejos do seu coração.
Você pode mudar – agradeça!

Você está em segurança,
e não existe perigo nenhum
a não ser aqueles projetados
por sua mente. Inspire
lentamente e expire
quantas vezes forem
necessárias até que você
se lembre de focar no que tem,
e não no que falta.
A essência do Universo é
a abundância – celebre!

Sempre existe uma forma
de sorrir, de cantar,
de dançar – mesmo em meio
à dor. Você escolhe como
quer viver, e pode decidir viver
uma vida mais harmoniosa
apenas escolhendo com
quem conversa. No dia de hoje,
tenha conversas edificantes – e,
ao final do dia, lembre-se de
agradecer pelas pessoas que
fizeram parte do seu dia
e somaram na sua trajetória!

Adicione um sorriso aqui,
uma rebolada ali,
use uma roupa colorida.
Não deixe que te convençam
que o mundo é um lugar
horrível de se viver. Existem
os desafios, mas existe a dança.
Existem os obstáculos, mas
existem as borboletas. Existe dor,
mas existem os aprendizados,
e se você for capaz de focar
no que está ganhando
em vez do que está perdendo,
não haverá na história do mundo
alguém mais rico do que você.

Sua vida pode ser mágica,
mas você precisa ousar sonhar.
É preciso enxergar o que
acontece além do que seus olhos
podem ver. Você pode viver
essa mágica, mas, antes,
deve ser capaz de destruir cada uma
das crenças que povoam a sua
mente e o seu senso do que é
possível ou não. O milagre fica
por conta do fato de que é
sempre tempo de começar.

E recomeçar.

Se quer que suas sementes
germinem e prosperem,
regue-as com amor
e adube-as com gratidão
todos os dias.
Como a sua vida
seria se o amor e
a gratidão estivessem
mais presentes
no seu dia a dia?

Você tem ideia do
quanto já caminhou
e do quão perto
pode estar, finalmente, de
conquistar aquilo
com o que
sempre sonhou?

Todos os dias
faça algo que
te encante. Algo que
te faz feliz. Todos os dias
faça algo pelo que você
sinta gratidão antes
de dormir – e a sua vida
será transformada!

Você se torna extraordinário quando é você mesmo. Qual é o sentido de esconder-se por detrás de uma máscara cujo objetivo é agradar a mais alguém a não ser você?

Afirmação positiva para o seu dia: "Tudo o que me cerca é energia de cura e de preparo. Caminho firmemente na direção de meus objetivos, com foco no amor e com o coração aberto e em gratidão pelas pessoas e situações que se apresentem em meu caminho. Tudo é amor – e assim é!".

Não faz sentido nenhum
passar o dia esperando
chegar seis da tarde.
Não faz sentido viver
uma vida que não seja
sentindo. E, se você
se esquecer disso,
basta se lembrar que o
tempo é curto. Basta se lembrar
de se sentir grato!

A verdadeira alquimia
é interna e se trata
de transformar o chumbo
da reclamação no ouro
da gratidão.
Reclame menos,
agradeça mais!

Acorde, respire, sorria:
o hoje tem tudo para ser
o melhor dia da sua vida.
Esteja atento a cada pequena
oportunidade que a vida
te trouxer de se maravilhar.
Olhe tudo atentamente e
prepare-se: você terá uma
infinidade de motivos
para agradecer!

Você está aqui para
mudar o mundo e transformar
o paradigma da sociedade
humana: sair do medo e
vibrar amor. A gratidão é
um atalho poderoso para
ressignificar a sua vida
através da transformação
dos seus olhos – que
automaticamente
transformarão tudo
o que enxergam!

Hoje é dia de amar a sua vida com todas as suas pequenas imperfeições.

Se você está prestes
a desistir de algo neste
momento, pergunte-se
se você realmente já fez
tudo o que podia.
E se a resposta for "não",
respire fundo e vá um
pouco mais. Às vezes
a gente só precisa
continuar caminhando!

Reeduque
seus pensamentos
e permita que eles
te levem a florescer.
Eleve-os à frequência
da gratidão e desabroche!

Uma flor,
quando nasce,
é botão – a flor já está
lá dentro. Pense no
desperdício para o Universo,
um botão que não desabrocha
por medo, receio ou
insegurança.
Você é esse botão!

Dificuldades são ótimas
oportunidades de passar
recados importantes
para o Universo sobre
como você quer que a sua vida
seja. Nenhuma lagarta
passa incólume pelo casulo,
mas todas as borboletas
se sentem gratas
por suas asas!

A única coisa
mais poderosa do que
o cansaço é um coração
cheio de sonhos.
No dia de hoje,
honre os seus e mentalize,
de quando em quando,
cada um deles
se tornando realidade.
E, então, agradeça:
"que assim seja". Assim é!

A forma como você lida
com seus "fracassos"
diz muito do modo como você
enxerga suas "vitórias".
O ego nunca vai conhecer
o poder da gratidão porque
está sempre ocupado demais
provando para si que tem
o direito de ter as coisas – só
que nunca é suficiente. Por isso
é tão importante viver
no espaço sagrado do coração:
ele é o único que sabe o caminho
de aproveitar o que se tem,
de amar o que se é. Só o coração
conhece a gratidão.

Só você tem o poder
de limitar a sua vida.
Ninguém mais.
Qual a autopermissão
que você vai
se dar hoje?

Seja bom, seja honrado,
seja honesto. Seja ético e
compassivo, agradeça
pelos aprendizados e
honre o momento presente.
Ensine as outras pessoas
a serem assim também.
E agradeça:
quando você conseguir,
não existirá nada
além disso à sua volta!

"Não é
o sofrimento
que te segura.
Você segura
o sofrimento."

Osho

Se você está em um lugar
de paz e felicidade, agradeça
porque o seu passado te trouxe
até aqui. E se tudo forem trevas,
dor e sofrimento, agradeça
também. Se você não é capaz
de agradecer por algo,
está resistindo a este algo.
Agradecer é restabelecer
o fluxo natural da vida:
é um deixar fluir. Deixe
que flua. Deixe que se vá.
E não se esqueça:
ao final dessa história, só vai
contar o amor que você sentiu
e o bem que fez aos demais.

A vida nunca é simples
quando se decide
fazer coisas grandes.
E nada pode ser maior
do que ousar construir
a vida a seu próprio modo.
Você é o autor da sua vida.
Ninguém mais!

Sua mente elaborada
não vale nada
sem um peito
cheio de sonhos.

Seres humanos são
casas de tijolos:
os tijolos são as nossas emoções.
Todos nós sentimos
as mesmas coisas, apenas
em momentos diferentes
e por motivos diferentes.
O modo como você lida
com as suas emoções
é o que dá o formato da casa.
Como você quer
que seja a sua?

A chuva que traz tristeza
é a mesma que lava alma.
O terremoto que destrói
paisagens é o mesmo que
cria uma nova. Vão existir
sempre duas formas de
enxergar a vida – olhe
para ambas. Reconheça-as e,
então, escolha a sua!

A chave para
o contentamento é
a aceitação do que estiver
acontecendo no momento
presente. Gratidão é aceitar,
convidar para entrar e
passar um café. Trate bem
a sua vida – ela gosta de
quem gosta dela!

A sua mente te diz
o tempo todo que
a sua vida poderia ser
melhor do que é. Mentira.
Se a sua vida fosse como
sua mente te diz,
rapidamente ela encontraria
outra coisa da qual
reclamar. Você é o que
você busca. Você já tem
tudo de que precisa!

Faça-se perguntas criativas: "o que estou aprendendo com esta situação?", "de que forma este problema está me transformando em uma pessoa melhor?", "se eu não tivesse medo, o que faria?". Não perca tempo pensando: "mas por que comigo?". Pergunte-se: "pelo que posso me sentir grato no dia de hoje?".

Não importa
o que te aconteceu –
tudo o que importa
é o que você vai
decidir fazer
com isso!

Não
existe gratidão
QUANDO,
existe gratidão
ENQUANTO!

Para sentir gratidão
é preciso olhar para
dentro. É preciso enxergar
o seu próprio coração
com leveza e delicadeza
e perceber que todas
as suas "cicatrizes de guerra"
são justamente o que
o tornam tão bonito,
especial e único!

O primeiro passo
para seu sonho
se realizar é
você acreditar que
ele pode
se tornar real!

Não existe absolutamente
nada de errado com você,
e o único motivo de
você acreditar no contrário é
porque você passou a vida
ouvindo e acreditando
no que os outros lhe diziam.
Mas não existe
absolutamente nada
de errado com você!

A melhor coisa que você
pode fazer é agradecer
pelo momento presente – pelo
simples fato de que nada
do que esteja acontecendo neste
momento irá mudar só porque
você não está contente.
Encontre contentamento
no que está acontecendo.
Esta é a chave!

Caminhar na direção
de ser a pessoa que você
quer ser depende apenas
de você. Leve alegria e
gratidão como armas
e tudo estará sempre bem!

A brasa só queima quando
está perto da fogueira.
Caso contrário, ela se apaga
e morre. Cerque-se de pessoas
que te inspiram, que
te encantam e que te ajudam
a ser uma pessoa melhor!

Somos todos iguais,
como grãos de areia,
mas cada um de nós possui
um brilho único – como
as estrelas do céu.
Nenhum brilho é mais certo
do que outro. Cada brilho
é único. Então brilhe – e
deixe brilhar!

A beleza está
nos olhos
de quem vê.
O que você está
enxergando
neste momento?

Afirmação positiva do dia:
"No dia de hoje, eu escolho
encarar todos os meus
desafios como professores.
Cada passo dado por meus pés
será amparado por meus
protetores espirituais,
que nunca deixam
de estar ao meu lado!".

Não perca tempo
se comparando a
outras pessoas, compare-se
com quem você foi ontem
e agradeça pela oportunidade
contínua de evolução!

A chave para a vida
que você quer viver,
com sentido e significado,
está no lugar mais
improvável de ser encontrado:
dentro de você, no mesmo lugar
em que você perdoa
e agradece!

A nuvem não resiste
a se transformar em chuva,
a árvore não resiste em
molhar-se e o solo não resiste
a se alagar. Por que, então,
resistir às intempéries
da vida? Celebre os
acontecimentos,
encharque-se!

No dia de hoje,
coloque-se na sua agenda!
Reserve tempo para ler
um livro, ir ao cinema ou
bater papo com os amigos.
Trate-se com a mesma
importância que você trata
seus compromissos
com outras pessoas. :)

A vida é um arco-íris.
O amor, o pote de ouro.
E nunca se esqueça:
trata-se da jornada – nunca
do objetivo. O único sentido
da vida é viver!

Durante todo o dia
de hoje, comprometa-se
consigo mesmo e com
a aceitação das suas
emoções. Diante do que
estiver sentindo,
simplesmente inspire,
expire e dê passagem.
Sem resistências:
apenas um fluir do que é.

Não fuja de suas bênçãos
apenas porque, às vezes,
elas vêm fantasiadas
de dificuldades. Aceite, confie
e agradeça. O Universo está
fazendo a parte dele,
faça a sua!

Nós estamos todos
conectados uns aos outros.
Ninguém está só,
por mais que em alguns
momentos pareça essa a verdade.
Aprenda a olhar para os
lados e enxergar, nas pessoas
à sua volta, irmãs e irmãos
de jornada. E lembre-se
de agradecer por todas as
pessoas que fazem
parte da sua vida!

Cada um enxerga
as coisas de um jeito,
e como você julga o que
acontece à sua volta diz
muito mais de você do
que das coisas em si.
Não se engane.
Sempre que um
julgamento eclodir
na sua mente, olhe para
dentro e agradeça a
oportunidade
de conhecer mais
sobre você!

Existe um lugar
dentro de você em que
nada é impossível.
Dedique toda a sua vida
a encontrar esse lugar e,
então, passe o resto dos seus
dias cuidando para que
não o abandone.
Orai, vigiai e agradecei!

Que, no dia de hoje,
você seja como a criança
que confia cegamente
na mão estendida de
seus pais diante de uma
rua movimentada;
ela simplesmente a agarra,
mesmo que não entenda
o porquê. Que você segure,
com gratidão, as mãos de Deus
estendidas por meio
de sinais e sincronicidades.
Esteja atento!

Você é como
um recém-nascido,
que não precisa fazer
absolutamente nada para
merecer ser amado. Você é
digno de receber amor
exatamente como é agora.
Existir é o suficiente!

Você reconhece a
abundância que existe
na sua vida? Pare de pensar
na abundância como algo
em excesso, e comece a
entendê-la como algo
em suficiência. Quantas
coisas em suficiência você tem?
Tire cinco segundos e faça
uma prece, agradecendo
por todas as coisas boas
que existem na sua vida.
Comece agora!

Você é um SER humano,
não um TER humano.
Preocupe-se mais em SER
do que em TER e sua vida
inteira será transformada!
O que você já é e por que
se sente grato
no dia de hoje?

Repita comigo:
"Que eu saiba, cada vez mais,
abrir espaço para as
imprevisibilidades da vida
e me sentir grata por todas elas,
a despeito do que
minha mente me fala".
Que assim seja, e assim é!

Seja o tipo
de pessoa com
quem você gostaria
de conviver
todos os dias.
Porque você vai. :)

Você constrói a sua realidade
todas as vezes em que
olha para ela de uma
determinada forma. Vibre medo,
e você viverá uma realidade
amedrontadora. Vibre gratidão,
e sua vida será cheia de
amorosidade, paciência

e compreensão!

A chuva que cai hoje rega
o alimento de amanhã.
Então: não reclame do que
quer que seja que esteja
vivendo. De alguma forma
a situação que você enfrenta
hoje está te trabalhando,
te melhorando e fazendo de você
uma pessoa mais forte.
Na dúvida, agradeça!

Siga pela vida buscando
mais motivos para ser grato
e menos razões para
se sentir miserável.
Uma coisa eu garanto:
você se tornará aquilo
em que decidir focar.

Às vezes algumas coisas
vão acontecer e agradecer por elas
não vai fazer o menor sentido.
Relaxe: está tudo bem em
não agradecer. Nesses momentos,
dedique-se a aprender:
de que modo esses acontecimentos
estão te transformando
numa pessoa melhor?
Deixe que a gratidão
brote naturalmente
da observação da vida!

O Universo tem
coisas incríveis
para te dar,
basta que você diga sim.
E não existe SIM
mais poderoso do que
se sentir grato!

Da mesma forma que
a casca do caracol
foi feita sob medida
para sua capacidade
de suportá-la e não existe
tartaruga que não aguente
o próprio casco, você dá conta
dos seus desafios.
Mesmo que,
assim como eles,
você precise ir no seu tempo!

Você não precisa
ser um ser iluminado
e perfeito. Mas também
não dê desculpas.
Faça a sua parte
praticando a gratidão,
e iluminação e perfeição
serão sua vida cotidiana!

Não olhe para o lado,
não se compare,
resista ao impulso
quase irresistível de validar-se
em referência ao outro.
Olhe para si mesmo
e compare o quanto você
era grato um ano atrás
e o quanto é agora.
Essa é a única comparação
que importa!

Toda dificuldade
que você enfrenta
está te refinando
como ser humano.

As pessoas vão
gostar de você e te odiar
exatamente pelos mesmos
motivos. Escolha em quem
focar sua atenção e
agradeça por todas as pessoas
que te dedicam amor!

Dizem que para quem
só tem um martelo
como ferramenta, todo
problema vai ser um prego.
Mude suas ferramentas e
transforme sua vida –
faça da gratidão sua
prática diária e seja
mais feliz com quem você já é.

Se você tem
um monte de coisas
pelas quais não
se sente grato,
desfaça-se
das coisas!

Preocupe-se em vibrar
o bem e fazer o bem,
além de varrer,
para fora da sua vida,
todos os seus julgamentos
sobre como as coisas
deveriam ser e não ser.
A gratidão é
o seu paraíso na Terra!

Você honra
a sua ancestralidade?
Sente-se grato por todas
as pessoas que viveram
e morreram para que você
estivesse aqui um dia?
Agradecer pela vida
das pessoas que vieram
antes de você é uma forma
de se conectar à abundância
do Universo – saber valorizar
o que você tem começa
com o seu próprio DNA!

Nós estamos em segurança
nesta grande nave chamada
Terra, que viaja a milhares
de quilômetros por hora
pelo espaço, em torno de
uma estrela brilhante
que boia na antimatéria.
Lembre-se disso da próxima
vez em que disser que algo
é impossível!

Revolução é re-evolução –
evoluir novamente.
Faça da gratidão a sua
revolução pessoal. Aconteça
o que acontecer, agradeça:
existe um porquê maior
em tudo o que acontece,
mesmo que você não consiga
enxergá-lo a princípio.
"O essencial é invisível aos olhos" –
Antoine de Saint-Exupéry.

Durante todo o dia de hoje,
sempre que sua mente
te levar aos detalhes de
como tudo poderia dar errado,
faça um exercício consciente
de visualizar todas essas
coisas dando certo.
Faça a sua parte!

> **"Tudo o que sua mão encontrar para fazer, faça-o com todo o seu coração."**
>
> Jesus Cristo

Se quiser chorar, chore.
Se quiser cantar, cante!
Viva a sua vida em toda
a sua intensidade,
busque agir da forma
como sabe que é correto.
Agradeça pela sua oportunidade
de estar aqui – e todo o resto
terá sido feito.

"Agradeça a quem vem,
porque cada um
foi enviado como
um guardião do além."

Rumi

A gratidão começa com
o autoamor. Primeiro você
agradece por ser quem é,
depois você agradece ao mundo.
Sem se amar, se aceitar
e ser autocompassivo,
não existe gratidão verdadeira.
Ninguém faz para o outro
o que, antes, não foi capaz
de fazer por si.

Responsabilize-se
e aproprie-se de
sua própria felicidade.
Esse é o grande segredo.

Você já agradeceu hoje?
Pela sua vida, antes de mais nada?
Por ter aberto seus olhos em
mais um dia de vida
neste planeta tão lindo?

Você já agradeceu pela
sua cama gostosa, pelo
café cheiroso de todas as
manhãs, por você fazer
parte da diminuta minoria de
brasileiros com um smartphone
ou tablet ou computador
com acesso à internet?

Você já agradeceu
por pagar as suas contas,
honrada e dignamente,
mesmo que ainda não tenha
alcançado o patamar
de vida que deseja?

Todos os dias a vida nos dá
uma centena de motivos pelos quais
se sentir grato. Mas você vê?

Onde você põe a sua atenção?

Gratidão é isso: é focar no que já existe. É se sintonizar com a abundância que já existe na sua vida e, ao fazer isso, abrir uma porta para que mais e mais abundância flua até você.

Então se você quer a abundância, vibre a abundância. Seja a abundância.

A vida é boa, e será ainda melhor quando você abrir seus olhos!

Escolha fluir
e passar;
como uma onda
no mar.

Aprenda a viver com
o que você tem,
seja grato e, então,
peça por mais.
O Universo presenteia
quem dá valor ao
que já existe!

Sem a chuva,
não existiriam
arco-íris.
Que saibamos
agradecer
pelos revezes
da vida!

Os únicos limites que
existem são aqueles
impostos pela sua mente.
Acredite que é merecedor,
e receberá. Acredite que
não merece, e faltará.
Se quer viver uma vida
sem limites, comece
pelo lado de dentro.

"A preocupação é o mau aproveitamento da sua imaginação."

Mary Crowley

Nos momentos de aflição,
lembre-se de ser com um rio.
Aceite cada curva de seu leito
e flua pelo caminho de maior
naturalidade. Perceba onde
você está neste momento:
suas águas represaram?
Será que não é hora
de virar cachoeira?

Silencie. Aquiete-se.
Não tenha medo
do seu próprio silêncio.
Quantas vezes você diz
coisas apenas para
preencher supostos espaços?

Seja gentil consigo mesmo.
Você é um filho de Deus,
não menos do que as árvores
ou as estrelas. Na bagunça
barulhenta da sua vida,
mantenha a paz em sua alma
e a gratidão no coração.

1. Tem coisas que só acontecem
com o tempo, e o tempo é o senhor
de todas as potencialidades.
Só o tempo pode fazer as frutas
amadurecerem. Só o tempo pode
mudar a cor das folhas das árvores.
Só o tempo. Tem coisas que só com
o tempo e a mente, mas mente não
entende. A mente briga e resiste e
a gente se perde no oceano das coisas
que achava que podiam ser e não são.

2. Mas daí tem ele: o tempo. Que passa.
E mostra que o que é sempre foi, sempre
esteve ali, precisava só esperar terminar
de ser e de estar. Tudo o que será já é,
só que ainda não deu tempo. Por isso:
inspira, expira. Espera, que o tempo
chega. E até chegar, a gente ensaia ser
a calma e a tranquilidade que
deseja viver um dia. Amém.

Combata a escuridão
com luz – não justifique
suas atitudes pelas de
outras pessoas. Não importa
o que mais ninguém está
fazendo, apenas você.
Rebelião contra a
corrupção é ser honesto, contra
o egoísmo é ser generoso,
contra a mentira é falar
a verdade. Faça a sua parte,
e então não haverá
nada mais a ser feito.

Vigie seus pensamentos,
mas não se esqueça de
suas palavras. Como você fala
de si mesmo e de sua própria
vida? Ama ou difama?
Esteja consciente!

A vida está sempre disposta a oferecer portas por onde entrar e caminhos para serem seguidos no sentido de se tornar quem você veio para ser. As portas estão todas abertas, mas você aceita?

Pare de reclamar e aceite
as duas únicas alternativas
que você tem diante de qualquer
situação: transforme-a ou,
na impossibilidade de
transformá-la, permita
que ela te transforme.

Cada situação que
nos acontece é uma
oportunidade de aprendizado e,
por isso, potencialmente
uma bênção. Para ser uma
desgraça ou um milagre,
a vida depende apenas
dos seus olhos.

Assim que acordar,
todos os dias, demore-se
dois segundos a mais para
sair da cama e se vestir.
Permaneça de olhos fechados
e deixe que venha à tona
a sua intenção para o dia.
Verbalize em voz alta
sua intenção para hoje e, apenas
então, abra seus olhos!

Não
se distraia
e nem se perca no
que não é importante:
cada pequena coisa
é um milagre
e faz parte
de Deus.

"Se você não for capaz
de enxergar Deus em tudo,
você não é capaz
de enxergar Deus em nada."

Autor desconhecido

Se você pede ao Universo
por mais paciência,
ele vai te trazer situações
em que o exercício da paciência
será necessário – e então você
se tornará mais paciente.
Se você pede por fé, enfrentará
situações em que o exercício
da fé será fundamental... E, então,
você se tornará uma pessoa
de mais fé. Por isso confie na vida,
a despeito do que você vive
neste momento. Acredite
que ela sempre estará te levando
para onde você precisa estar.

"Vigie seus pensamentos
porque eles se transformarão
em seus sentimentos.
Vigie seus sentimentos
porque eles se transformarão
em suas atitudes. Vigie
suas atitudes porque
elas se transformarão em
seu caráter. Vigie seu caráter
porque ele se transformará
em seu destino."

Confúcio

Abraços curam!

"Quando você
olha para mim,
não vê nada
além de si mesmo."

Mensagem de Yogi Tea

Não permita que
sua mente se coloque
à frente de seu coração.
Conecte-se com sua alma,
com o que ela verdadeiramente
te diz, e faça aquilo
que precisa ser feito.

Se você se desconectar
do sofrimento por alguns
instantes, vai ver que SIM,
esta vida é linda e cheia
de encantos, e pode ser mágica
se percebermos as coisas
pelo ângulo correto.
Está tudo certo. É tudo um
aprimorar-se. Não estamos
sozinhos, e existe muito
amor para todos nós.

Às vezes precisamos
de desafios para
nos lembrar
de que nossa
verdadeira
natureza é
o amor.

Tudo é uma coisa só.
Todas as suas perguntas
já foram respondidas,
basta estar atento e
olhar ao redor. Mais cedo
ou mais tarde aquilo
que você procura vai te encontrar,
porque também vem
procurando por você.
Abra seus olhos.

A perfeição divina está
por trás de todas as coisas.
E, quando tudo parecer
imperfeito, ela continua lá –
confie. O que precisamos é
ajustar constantemente
nossos olhos para enxergar
o milagre existente em
todas as coisas que acontecem.

Existe um ritmo
dentro de você que rege
todos os seus processos.
Conecte-se com seu
próprio ritmo e perceberá
que ele te leva muito além
do que sua mente seria
capaz de imaginar. Dedique-se
a encontrá-lo. E, uma vez
que o encontrar, trabalhe em
manifestá-lo do lado de fora.

Tudo está conectado.
A sua vida tem todas as
pontas amarradas. E talvez você
não veja, porque do seu ponto
de vista, as coisas são grandes e
desafiadoras. Se você pudesse
subir bem no alto, de onde desse
para ver todas as coisas que já foram,
mas também as que ainda serão,
você veria e saberia que tudo está
ligado e amarrado e que tudo
tem um sentido. Mas você está
aqui embaixo e aqui embaixo é
assim que a coisa acontece: você tem fé.
Você acredita e confia.
Esperança é a qualidade
dos que esperam!

No dia de hoje,
preste atenção à conversa
das pessoas à sua volta.
Na fila da padaria, cruzando
a faixa de pedestres na
sua frente. Esteja aberto
a receber mensagens do
Universo pela boca
de desconhecidos – receba-as!

Não desperdice
sua vida
cometendo sempre
os mesmos erros.
Ouse!

Quem você seria se
não sentisse tanta vergonha
de certos lados seus?
Yin e Yang, a vida é feita de
contrastes. E suas melhores
qualidades só existem porque
seus pontos cegos estão
todos aí. Agradeça.
Abrace sua natureza
e não tema a escuridão:

ela é apenas a ausência da luz!

Está tudo bem
em viver uma vida
que ninguém
mais entende.
Crie sua vida!

O fato de – ainda – não
ter chegado aonde você
gostaria, não significa que
você seja um fracassado
ou incompetente.
Significa apenas
que – ainda – não deu tempo!

Dê a chance de Deus
agir na sua vida.
Independentemente
do que acredita, você já se pôs
de joelhos e pediu para a vida
o que você quer dela?

**Se você está vivo,
é porque
ainda
dá tempo!**

Agradeça,
mesmo que em
um primeiro momento
pareça sem nexo.
É aos pouquinhos
que a vida vai
ganhando sentido.

Sorria para a vida,
e ela vai
te sorrir de volta.
Não acredite
em mim, teste!

Preste muita atenção:
as peças da sua vida
vão se encaixar.
Dê tempo ao tempo
e perceba como tudo
vai ficando mais claro.
Você precisa apenas
continuar mais um pouco para
ver tudo acontecer!

Não é porque você não
confia na vida que ela
não confia em você.
Viva com presença,
intensidade e gratidão e todos
os caminhos vão se abrir.

As escolhas que você fez
em sua vida sempre foram
corretas. Mesmo as que
te levaram a lugares que, hoje,
você vê que não gostou de ir
porque não gostou do que
sentiu ao estar lá. Você sempre
escolheu achando que era
o melhor. Não queira apagar
sua história, não deslegitime suas
experiências! Você só pensa
como pensa hoje porque viveu
o ontem. Pelo contrário, agradeça.

Pelos aprendizados, agradeça!

Tudo pode ser grande,
se encarado com
os olhos certos. Com todo
o seu coração. Com uma alma
em êxtase. Com paixão pelo
que vem a seguir: o próximo
segundo, este mesmo.
O grande está no pequeno,
e o pequeno é, na verdade,
a maior coisa que pode existir.
Não se esqueça.

"A celebração
é minha religião;
o amor é minha
mensagem;
meu silêncio é
minha verdade."

Osho

Abra mão do controle.
Dance conforme a música.
Se as coisas não acontecerem
do jeito que você quer,
é porque existe um jeito
melhor. Renuncie: toda flor
que cai no outono retorna
como flor na primavera.

Dedique-se a aprender
o que precisa ser aprendido.
Dedique-se a compreender
o aprendizado por trás
da experiência, e todo o resto
vai ser isso: apenas resto.
Viva e torne-se o que você
deve se tornar.
Confie e agradeça!

Quando você pergunta,
o Universo responde.
Quando você se volta
para o amor e tira o foco
do medo, um milagre acontece.
Agradeça e conecte-se
à frequência da abundância!

"Nas pessoas que são
agradecidas em geral,
os acontecimentos de vida
têm influência pequena
na gratidão experimentada."

MacCullogh, Tsang & Emmons

Use cada segundo
da sua vida para se dedicar
a construir seus sonhos.
Dedique-se a eles por completo.
Plante para colher. Porque
a semeadura é opcional,
mas a colheita é
obrigatória – plante certo
para colher frutos
de amor e gratidão!

"Nós apenas
podemos dizer que
estamos vivos naqueles
momentos em que
nossos corações estão
conscientes de nossos tesouros."

Thornton Wilder

E se você acordasse amanhã
e a sua vida tivesse
desaparecido – as pessoas,
suas coisas, seu trabalho,
tudo. Só restaram as coisas
pelas quais você se sente grato.
Como sua vida seria?

Se você não sabe
pelo que agradecer, INVENTE.
Sempre existe algo pelo
que ser grato. Pense em uma
coisa que aconteceu
no seu dia que te fez ser
uma pessoa melhor do que
você era ao acordar.
Qualquer coisa.
Eleja essa coisa como
o motivo da sua gratidão.

Inspire e visualize o dia
que você quer ter.
Tudo o que existe na vida
existe pelo menos duas
vezes: uma no campo das ideias
de alguém que o inventou e
outra no campo manifestado.
Então comece a viver seu dia
dentro da sua cabeça:
como você quer se sentir
ao final do dia de hoje?

O modo como você encara
e enxerga o que está vivendo
neste exato momento
determina o seu futuro.
Para ter o futuro que
você quer, corrija seus
pensamentos no aqui e agora.
Transforme preocupação
em gratidão e sintonize-se
com a realidade que
você quer viver!

Para ouvir a voz da Vida,
esteja atento:
silencie os pensamentos
de medo e de insegurança
e potencialize o amor,
a gratidão e a esperança!

Prazos. Tempo. Ritmo.
Nossa mente sempre
nos diz que ela está certa.
Mas... E se não estiver?
E se existir um momento
melhor para as coisas
acontecerem sem ser o que
a sua mente te fala
que é o ideal?

No dia de hoje,
agradeça por todos os
"trabalhadores invisíveis"
da sua vida, pessoas que você
não vê, mas que fazem parte
da engrenagem que mantém
sua vida funcionando. Que passam
o café que você toma na padaria,
que varrem a rua na qual
você caminha, que limpam o banheiro
do cinema aonde você vai para
se divertir. Agradeça pela vida
de cada um deles; sem eles
a sua não seria a mesma!

Diariamente a vida nos dá
inúmeros motivos para
quase nos esquecermos do milagre
que é estar vivo. Violência,
corrupção, a suspeita de uma doença,
os quilos a mais – e quando
você vê, se desconectou
do verdadeiro propósito de
estar aqui: servir ao próximo
e amar incondicionalmente.
Não se distraia de quem você
é e do que quer desta vida.

Não se distraia de si mesmo!

O Universo nos diz o tempo todo
qual caminho devemos seguir,
quais escolhas devemos tomar,
por onde devemos caminhar.
E quando nos perdemos dele,
basta que estejamos atentos
aos sinais. Converse com Deus.
Peça Seu sinal e, então,
fique atento a tudo o que acontece
à sua volta. Não se esqueça
de agradecer quando receber o seu!

Sim, a sua vida pode ser
um sonho. Basta que você
lute incansavelmente para
ser a mudança que você
deseja ver no mundo.
Inspire outros com
o seu exemplo,
não com o seu discurso.
Faça a diferença!

A gratidão é a
palavra-chave da
bem-aventurança!

Nada te rouba mais
do momento presente do que
a sua mente inquieta.
Enxergue-a como uma
criança assustada,
transborde amor em
sua direção e ensine-a como
viver a vida no aqui e agora.
Agradeça pela presença
desta criança em sua vida:
ela pode te atrapalhar às vezes,
mas também te faz sonhar :)

Todos os dias, ao acordar,
repita para si mesmo:
"No dia de hoje,
farei o meu melhor".
Tenha este "fazer o seu melhor"
como uma meta clara para
os seus dias – e, ao final de
cada um deles, lembre-se
de agradecer a si mesmo
pelo melhor feito!

A vida é
curta e passa
rápido – o que você
pode fazer hoje para
ter uma existência
mais feliz?

Adote o hábito de celebrar
suas conquistas e festejar suas
vitórias. Não coloque
mais peso sobre as
expectativas do que sobre
os resultados consumados –
celebre a sua vida e
a Vida irá celebrar com você!

Pelo que você agradece hoje?
Olhe para este dia
recém-iniciado e DECIDA
que ele te dará inúmeros motivos
para agradecer. Comece agora,
neste instante, olhando à
sua volta. Onde você está agora?
O que está à sua volta?

Pelo que você agradece agora?

Tudo é energia.
E a energia que você
coloca nas coisas é
a semente que está plantando
e que vai colher de volta.
Simples assim. Então, plante!

"Tudo é energia.
E a energia que você
coloca nas coisas é
a semente que está plantando
e que vai colher de volta
Simplesmente assim. Então, plante!

**Sua vida pode
ter as cores
dos seus sonhos!**

Seja o que for:
você está pronto para isso.
Não há fruta que caia
do pé sem estar madura
e nem botão que desabroche
sem que tenha
chegado o tempo!

Mude
sua mente,
mude
sua realidade!

Permita que o dia de hoje
seja o que veio para ser.
Sem resistências, sem
"devia, podia, tinha que".
Apenas aceite. Experimente
não negar nada.
Aceitação é libertação!

Esteja muito atento à forma
com que você lida
com elogios, presentes
e felicitações, pois eles
dizem muito do quão
bom recebedor você é.
Quem você prefere presentear?
Alguém que te agradece
com sorriso aberto ou alguém
que te diz "não precisava
se incomodar"?

Seja luz em meio à
escuridão. Leve amor ao
seu medo e testemunhe-o
se despedir da sua alma.
Agradeça pela oportunidade
de estar vivo mais um dia!

Agradeça por todos os passos
que te trouxeram até aqui –
principalmente por aqueles
que a sua mente insiste
em dizer que foram errados
e que podiam ter sido diferentes.
Cada um deles te ensinou algo
importante sobre amor, perdão,
lealdade, justiça e compaixão.
Honre cada um dos aprendizados
com a sua gratidão!

Afirmação positiva do dia:
"Eu sou perfeito e possuo
qualidades incríveis.
O meu aprendizado nesta
existência não é mudar o que
quer que seja, e sim como
me revelar aos outros, cada
vez mais honesto, íntegro
e verdadeiro comigo mesmo.
Eu agradeço e confio!"

A chave
da realização
sempre será
a gratidão!

O inferno se cria quando
a mente divide a realidade
em duas, julgando-as como
certa ou errada. E o paraíso
se instala quando destruímos
esta divisão bem/mal por meio da
gratidão. Agradecer é um
ato revolucionário – comece
a sua própria revolução
agora mesmo!

"O quão feliz
é uma pessoa
depende da
profundidade
da sua gratidão."

John Miller

Aposente a ideia de que
você vai chegar lá.
O lá não existe.
O que existe é o aqui,
o agora, e o quanto você
é capaz de agradecer por eles!

Caminhe
que o caminho
se abre!

Vigie seus pensamentos,
ore pelo bem maior
e tenha a certeza de que
suas atitudes sempre
beneficiem o maior número
possível de pessoas.

"Esqueça essa história
de querer entender tudo.
Em vez disso, VIVA.
Em vez disso, DIVIRTA-SE.
Não analise, CELEBRE!"

Osho

Escolha, no dia de hoje,
ter um dia divertido.
Ria muito!
A gratidão é
a gargalhada do coração!

Existe
muito amor
aqui para
todos nós!

Sinopse

"Enquanto buscarmos a cura do lado de fora, seremos malsucedidos. É aprendendo a olhar para dentro que conseguimos tratar das feridas que dão origem à ideia de que algo nos faz falta." Este é o ponto de partida de *Sua melhor versão – O despertar de uma nova consciência*, primeiro livro da psicóloga e educadora emocional Flavia Melissa. Ao compartilhar suas histórias, ela expõe suas feridas, nos fazendo refletir sobre o significado da vida e como podemos viver de forma plena e feliz. Das dores de um lar destruído, codependência emocional, transtornos alimentares, vazio existencial e uso de drogas, Flavia Melissa traz um olhar sobre si ao mesmo tempo em que fala sobre cada um de nós. "Para onde quer que a gente vá, a gente sempre se leva junto. E saber que temos todos os recursos para construir a realidade que desejamos faz toda a diferença." Descubra sua melhor versão e desperte-se para uma nova consciência!

Sinopse

Sabe o que está faltando de verdade na sua vida? Você!

Toda dificuldade é uma oportunidade de reencontro consigo mesmo. A sua felicidade está no aqui e agora.

"Cada dia é único e esconde em si infinitas possibilidades." É exatamente isso que a psicóloga e educadora emocional Flavia Melissa propõe neste livro repleto de frases, pensamentos, reflexões e desafios para você viver o agora. Colocado em prática, este livro é verdadeiramente transformador e vai ajudá-lo a se desenvolver e ser uma pessoa mais feliz. É uma oportunidade de reconexão com sua essência adormecida e com o despertar para a sua melhor versão.

Acreditamos
nos livros

Este livro foi composto em Caecilia LT Std e
impresso pela Gráfica Santa Marta para
a Editora Planeta do Brasil em junho de 2023